驚 艷

劉 小 梅 著

文史哲詩叢之三十六
文史哲出版社印行

驚艷目錄

暗香疏影話驚艷

——序劉小梅《驚艷》

文評家
文學博士 沈 謙

朱自清在《中國新文學大系·詩集·導言》中，將二十世紀早期的新詩分爲三派：

一、自由詩派：以胡適、劉半農爲首，自一九一七年即試作自由派新詩。

二、象徵詩派：以「詩怪」李金髮爲開山祖師，李金髮自一九二〇年開始寫詩，稍後則有戴望舒等。

三、格律詩派：以聞一多、徐志摩爲領袖，自一九二六年躍上詩壇。

除此三派之外，詩壇另有一股澄澈的清流，那就是冰心、俞平伯等爲代表的「小詩」。且看《春水·三十三》：

「牆角的花！
你孤芳自賞時，
天地便小了。」

冰心的小詩，無疑受到印度詩哲泰戈爾的影響。《飛鳥集》：「把鳥翼繫上了黃金，那麼這鳥便永久不能再在天上翱翔了。」

如此清純恬適，含蓄蘊藉，自然潤秀的小詩傳統，在二十世紀中國的詩壇，頗不乏其例。

二〇年代，胡適在天津寫的〈小詩〉：

「開的花還不多，
且把這一樹嫩黃的新葉，
當作花看吧。」

三〇年代，卞之琳在《魚目集》中有一首〈斷章〉：

「你站在橋上看風景，
看風景的人在樓上看你。
明月裝飾了你的窗子，
你裝飾了別人的夢。」

四〇年代，七月派的詩人魯藜有一首〈泥土〉：

「老是把自己當作珍珠，
就時時怕被埋沒的痛苦。
把自己當作泥土吧，
讓眾人把你踩成一條道路。」

七〇年代，台灣詩人劉延湘在《露珠集》中有一首〈童歌〉：

「水池裏的小鴨對樹上的小鳥說：
你不會游泳算什麼鴨子？
樹上的小鳥回答說：
你不會飛算什麼鳥？」

八〇年代，大陸的朦朧詩人顧城有一首〈一代人〉：

「黑夜給了我黑色的眼睛，
我卻用它尋找光明。」

在如此的背景之下，讀到劉小梅的《驚艷》詩集，直覺的感受，是二十世紀中國詩壇的小詩傳統，不絕如縷。《驚艷》輯錄了一百多首作品，分爲四輯。

第一輯「來襲」，計有〈待〉、〈回函〉、〈來襲〉等十六首。且看〈來襲——覆舊友〉：

「你的隻字片語
均如強烈颱風來襲
肆虐一夜
我的心園已滿目瘡痍
又得費好大氣力
清理」

小詩往往用來抒情，捕捉一剎那的感受。作者將舊友的訊息譬喻爲強烈颱風來襲，使得思緒激盪，點點滴滴，紛紛擾擾，剪不斷，理還亂，眞是既愛且怕。又〈解套〉：「低盪的心情／如股市跌停板／誰來紓困」，求助無門，解鈴還須繫鈴人，唯有自我了斷，所以她在「感情危機無法尋求周轉」時，「唯有將心門／關之大吉」。至於〈複製〉：「細綿綿的雨被複製了一百份／灰濛濛的天被複製了一百份／紫幽幽的離情被複製了一百份／藍靛靛的寂寞被複製了一百份」。前半首用排比句法，重疊「複製了一百份」，後半首卻別出心裁：「逝去的青春卻無法複製／因爲／遺失了／原件」。

第二輯「識別證」，計有〈罈〉、〈口袋〉、〈年曆〉等二十一首。且看〈枕餃〉：

「枕頭裏
裝滿回憶的餡兒
當夜來臨
所有酸甜苦辣
一湧而進
於是
我便得了心靈潰瘍」

小詩有恬適，也有淒美。作者將酸甜苦辣的回憶「擬虛爲實」，因此得了「心靈潰瘍」，這當然是無理而妙的「反常合道」。再如〈年曆〉：「一九九九／發號施令／稍息／立正／向偉大的生命／敬禮／主席致詞：今後／每位學員都要無懼／捐軀於／時間」。還有〈喜柬〉：「朱紅燙金的喜柬／是桌上唯一聽得見／脈搏躍動的物件。一粒生命的種子／將因它而發芽茁長／」。作者往往能從尋常的事物中別有所思，獨具慧眼。〈撲滿〉：「打開撲滿／數百枚錢幣一擁而上／紛紛抗議／是何理由／將他們監禁／一時間／法國大革命的號角／響徹天際。從此我家／再也沒有集中營」。

第三輯「驚艷」，計有〈迸〉、〈傲〉、〈夜讀〉等十一首。且看〈詩人之怒〉：

「靈感總是遲到早退
外加偷工減料
我已對它發出最後通牒
限期改善
否則
撤職查辦」

小詩須翻空出奇，才耐人尋味。作者通過移情作用，將「靈感」擬人化，表達了溫柔敦厚之外的詩人之怒。再如〈DNA〉：「剛誕生的新作／體內混合著下列基因／親情、愛情、友情、多情、寡情、絕情、濫情、煽情、悲情。我要帶他去找文評家／檢驗DNA／看看是不是／詩的孩子」。還有〈迸〉：「創意的火山爆發了／每一塊噴出的熔岩／渾身都充滿熱勁／瑰麗多彩的文學／於焉誕生」。至於〈驚艷〉，則列舉了二十世紀百餘位詩人的作品：「面對如此眾多／傳統　前衛　浪

漫 朦朧 超現實／看懂甚或看不懂的／美哉 偉哉 奇哉的佳作／我一提筆／就患了／『詩』無能」。其實，如此時露創意的熔岩，豈會無能？

第四輯「地山謙」，計有〈老〉、〈美〉、〈悟〉等六十四首。且看〈悟〉：

「自囚於心之監獄
任生命如落花飄墜

靈光乍現
我乘著意念的翅膀
破空而出」

這或許是詩人的自白。作者雖然詩齡不長，但是卻時時靈光乍現，奇思雋語，唾咳而出。〈道德〉：「道德／如緊身束衣／勒得人無法喘息／卻又不能丟棄」。〈自然療法〉：「鬥志摔傷了／捧一袋陽光回去／止血」。至於〈流浪者之歌〉：「是因孤獨而流浪／或因流浪而孤獨。在這渺無人跡的心靈沙漠／我以詩／解渴」。正讓讀者印證了作者的詩觀：「立即的驚歎，永恆的回味。」先睹為快，閱畢劉小梅的第三本詩集《驚艷》，深感雖係小詩，頗有可觀者，油然而生「驚艷」之情，同時聯想起林逋的〈山園小梅〉：

「眾芳搖落獨暄妍，占盡風情向小園。
疏影橫斜水清淺，暗香浮動月黃昏。

霜禽欲下先偷眼，粉蝶如知合斷魂。

幸有微吟可相狎，不須檀板共金樽。」

「疏影橫斜」的丰姿搖曳，「暗香浮動」的芳馨傳遞，是何等意蘊！不禁喟然感歎，替小梅女史的詩集作序，林逋才是最佳人選！

立即的驚歎

文評家
文學博士 李瑞騰

劉小梅中年始執筆作詩，「兩年寫了三本詩」，創作量之驚人，令人稱奇。那一定是有一股動力逼她非寫不可，彷彿前此的人生都爲了積累創作資源，臆想她平日裏一定有細細觀察眼前事象的習慣，能驅遣的字句皆如可用之兵，有紀律，又靈活有戰鬥力，否則豈能源源不斷寫出那麼多作品？

我也想到一點，挺有意思的。劉小梅長期製作主持廣播節目，「螢光夜語」是她的金字招牌，其他的也都非常文藝。這樣的工作需要常常接近藝文界人士，當然也要大量的閱讀，節目中一定經常朗讀現代人詩句，那是選擇和表現的過程，於詩文之體會必然深刻。我覺得她的詩藝之養成是很實在的。

進一步說，她獨鍾情於短詩，可能亦與此有關，當她面對一個詩人的作品，一本詩集或一首詩作，夾敘夾議，出之以易感的聲音，必得朗讀原作，這時比較合適的一定是篇幅較短的作品，如果是長詩，得截取其中部分段落，就廣播來說，可能會擔心詩行割裂，不得整體詩境。久而久之而愛上精短的詩，這有脈絡可尋。

如所周知，詩的語言原本就高度濃縮，是要用較少的文字去表現較豐富的意涵。長詩可以舖敘，用的是「賦」的寫法；短詩張揚不得，但形式要完整，意義要豐富，只得含蓄內歛，一個字當好幾個字用，雙關也好，多義亦可，總之就如古人論絕句時說的，要「語近情遙」，要「含吐不露」，寫法當然用「比興」。

劉小梅明明白白地說出短詩之「難」——「若非靈感乍現，絕對無法才華畢露」。這話說得有意思，首先肯定「才華」，這很難論證，卻也不易推翻，不過，有才華是不足的，還要有「靈感」，這也是古往今來在各種創作論上必談的東西，但也一樣衆說紛紜，不太可能有一個定論，但我們好像無法否定靈感的存在；最後就是所謂「畢露」了，從創作者的角度來說，他認爲他已經完全表露了，但怎麼個「露」法很重要——直接表述和間接呈現的效果當然不同，從讀者的立場來說，通過眼前的字句能否進去詩人的作品世界，一方面和詩法有關，一方面和讀者本身的悟境也有很大的關連。劉小梅在這裏談的不是詩旨的呈現問題，而是才情之露。

短詩易寫而難工。劉小梅既已「眞切的體會」，又想在這領域「交出成績單」，沒有企圖心與意志力，恐怕是辦不到的。現在看來，她是有條件的，《問紅塵》我讀過，充滿巧思，語言已成熟，尚未面世的第二本詩集不論，這第三集《驚艷》，應該可以讓愛詩人驚艷。

我稍微算了一下，全集一一二首中，十行（含）以內者七十二首，十行以上、二十行以下的有二十九首，其他的占十一首。「短」是一個相對的概念，短詩行數的說法各有不同，很難定於一。古之絕句僅四行，律詩八行，以絕句爲短，則律體就長了。我覺得以現代的閱讀習慣來說，詩寫到二、三十行都偏長了，所以稱三、五行到十來行者爲短，大概還說得通。這樣說來，《驚艷》一集百餘首中大約有百首短詩，算是一本短詩集。

這些作品最短的是三行，輯一的〈回函〉和輯四的〈自然療法〉，前者是「將心封緘／快遞予你／以免熱情冷卻」，幾近直言，但回函要用「心」，要「快」的意涵有力地傳達了出來；後者是「鬥志摔傷了／捧一袋陽光回去／止血」，陽光能裝袋嗎？能捧回去嗎？能止血嗎？鬥志會摔傷嗎？摔傷會流血嗎？詩人把不可能的變成可能，喻旨非常清楚，我們讀來都能會心。從這裏或可看出，劉小梅從現實人生中取材，迅速有力地給出她的感悟。方式主要是「聯類」——由這個而思及其他，然後二者混融。但字句要潔淨，三言兩語就要中的。拐個彎可以，但不能九彎十八拐。

打開冰箱，你會想到什麼？劉小梅居然說「裡面裝滿死亡」（〈冰箱〉）。你怎麼看待剔牙一事，劉小梅從牙縫愈剔愈大，一轉就轉到人與人之間的距離（〈剔牙〉）。有一首詩叫「大同」，短短九行，分成三段：

一串項鍊
一百零八顆人骨

生前
他們或面紅耳赤
或相互廝殺

如今
他們手牽手
緊緊相連
串成一個圓

生前死後的強烈對比，對我們極有啓發性，其所諷諭也就很清楚了。大體來說，劉小梅因物起興，表達一種立即的驚嘆，或突然的了悟。

比較長的作品像輯二的〈識別證〉，輯三的〈傲〉、〈驚艷〉，輯四的〈世界大戰III〉，排列、舖敘是不可免的，這裏面最特別的是做爲書名的〈驚艷〉，在羅列了一百六十五位現當代詩人「美哉」的詩之後，總結說她讀後患了「詩」無能的感覺。坦白說，這不像一首詩，像一本詩選的目錄，重新排序，放在附錄，或可表示作者的詩之趣味。不過，劉小梅卻以此詩題顏其詩集，除了對應她在〈後記〉中說的「立即的驚歎」，多少也有點自我期許的意味吧。

《驚艷》出版後，劉小梅可以沉潛下來，回思自己兩年得三集的寫作過程及詩藝種種，然後再出發，可以專攻短詩，也可以長短兼修，不管怎樣，都應有所突破。

輯一

來襲

待

進門
迫不及待地開啓信箱
今日郵差送來的
又是一箱
空

回函

將心封緘
快遞予你
以免熱情冷卻

空襲

我的眼
淪陷於你的名字
它們那樣勢如破竹
闖入我寧靜的生活禁地
猛烈轟炸
我堅持永不宣戰
為了愛
我甘願千瘡百孔

度冬

帳孤
衾冷
將你的詩
泡入壺中煮沸

冬的氣息
就在這文火細燃中
蒸騰而去

來襲

——覆舊友

你的隻字片語
均如強烈颱風來襲
肆虐一夜
我的心園已滿目瘡痍
又得費好大氣力
清理

防災

傾全力
在心中築一道堤
以防相思
氾濫成災

複製

細綿綿的雨被複製了一百份
灰濛濛的天被複製了一百份
紫幽幽的離情被複製了一百份
藍靛靛的寂寞被複製了一百份

逝去的青春卻無法複製
因為
遺失了
原件

語病

我的失語症
彷彿只對你發作

你
究竟是那種敏感原
為何總要塵封我的聲帶

情旅

與伊
探險
愛情遊樂區

面對處處懸崖峭壁
我告訴心之管理員
趕緊豎立警告標誌
一旦墜落
勢將粉身碎骨

展覽

夜　展覽著夢
夢　展覽著你
你　展覽著愛
而
我　展覽著淚

覓春

沒有牧童
依然尋著了杏花村

杏色滿園
獨不見春

因伊
已將春鎖入行囊
攜至遠方

解套

低盪的心情
如股市跌停板
誰來紓困

感情危機無法尋求周轉
唯有將心門
關之大吉

野餐

假日
友人提來一籃佳餚
粉紅色的寂寞
淺紫色的憂鬱
橘黃色的蜜語
淡綠色的蘋果
以及
黑啤酒
白紙巾

火色的夕陽
浴著青草地上的杯盤狼藉
伊提著一籃敗興

而歸
我的心如夜幕
重重垂下

第三者

道德殺死了情慾
我將情慾的屍體入殮
供在神龕前
贖罪

鎮館之寶

在我創建的生命博物館裡
典藏著你的一切

眼神
笑眉
磁音
魚尾紋
蒜頭鼻
老人斑
指上的瘀傷
蒐尋不易的咳嗽
以及
溫柔之怒

每一項目都標籤著
非賣品
無價

永遠的房客

你的影子
租了我的腦子
未簽約
無期限

從此
就如生理食鹽水
一點一滴緩緩注入我的血液
直到生命終止

輯一

識別證

罈

——悼亡

你那巍然的體軀
如何能屈就這小小骨罈
財富
功績
摯愛
都帶了嗎
脾氣
嗜好
習慣
塞得進嗎
在這千篇一式的厝罈處

誰去在乎
你曾是號人物

口袋

翻洗一件陳年茄克
漩渦中浮出一隻
飽滿如胃囊的口袋
掏出
一團作古的紙幣
一顆幼稚的頭顱
一捧師長的話
一綹青春
一袋夢

年曆

十二班阿拉伯數字
集合於歲月的操場

每個數字都頂天立地
鴉雀無聲
靜靜聽著台上領導——
一九九九
發號施令
稍息
立正
向偉大的生命
敬禮

主席致詞：
今後
每位學員都要無懼
捐軀於
時間

花盆

不過是個花盆嘛
能有什麼格局呢

那些錦簇花團
和人們的眼
才門當户對啊

甭怨娘啦
就由我開始燒香
給下一代個
好八字吧

冰箱

打開冰箱
裡面裝滿死亡
植物的
動物的
以及
其他生物的

我每天將昨日的死亡取出
再裝入今日的死亡
於是
鍋裡烹的
眼裡看的
嘴裡吃的

全是死亡

原來生命的樓宇
竟是由許許多多的死亡
構築的

枕餃

枕頭裡
裝滿回憶的餡兒
當夜來臨
所有酸甜苦辣
一湧而進
於是
我便得了心靈潰瘍

被單

走進臥室
被單儀容不整地躺在床上
病了
遇劫
還是嘔氣
我和顏悅色地捱到床沿
溫柔地撫摸著她綿軟的玉體

噢　卿卿
原來這世上最體貼我的
竟是妳啊

稿紙

面對如棋局的稿紙
我不知該如何出手
方能改寫歷史

終夜
都在臨深履薄地落子
自己與自己交戰
又是個沒有結局的結局
收攤
他日再與永恆對奕

喜柬

朱紅燙金的喜柬
是桌上唯一聽得見
脈博躍動的物件

一粒生命的種子
將因它而發芽茁長

櫥窗

深秋
走過慾望之街
連袂的商店櫥窗
正販賣著熱騰騰的生活
食衣住行
生老病死
人性的需索
時代的軌跡

創意其實是叛逆的主張
品味等同於層次的洩密
名牌測試著虛榮的指數
人潮反映了景氣的興衰

而我
僅僅購回了一樣——
心情

撲滿

打開撲滿
數百枚錢幣一擁而上
紛紛抗議
是何理由
將他們監禁
一時間
法國大革命的號角
響徹天際
從此我家
再也沒有集中營

垃圾桶

匆匆
踢倒了垃圾桶
只好收拾殘局
恍然發覺
一個小小垃圾桶
竟裝滿不能承受之重

過時的新聞
死亡的情書
截肢的食品
潛在的病毒
貶值的自尊
撕碎的心願

任憑如何撿拾
總無法將信心回籠

記事本

裁得並不齊整的記事本
身軀嬌小
肚量奇大
天地古今
全是它的席上貴賓
勝王敗囚
墨人騷客
江湖遺老
遁世謫仙
無不聚此抒懷暢論
至於公道是非
誰又斷得清明

唓
別老催著我仲裁
我只想疲倦時
來此做個千秋大夢

識別證

它能識別什麼

它能識別什麼
當我一踏進公司大門
那麼理所當然地掏出
亮給警衛「識別」的一剎

它能識別什麼
當我凝視著
髮絲尚未泛白
雀斑尚未加劇
面龐尚未發福
的所謂「識別照片」

它能識別什麼
當我凝視著
那個人人都認得
唯獨我自己不認得
那個不論張三李四
只需出示數字便能識別的號碼

它能識別什麼
它可知曉
它的主人昨夜血壓高達一百八
它的主人面對挑戰的沈重步伐
它的主人與命運的一波波掙扎
它的主人與鄰友的一些些尷尬

它能識別什麼
它可知曉

它的主人正在思索應否切腹
因為不能寫出一本曠世巨著
它的主人正在思索應否剃度
因為不能譜出一首生死戀曲
它的主人正在思索應否自首
因為童年偷竊母親五角而買一個芭樂
它的主人正在思索應否懺悔
因與椅子責怨了一夜有關小人的虛偽

它能識別什麼
它能識別什麼

一棵菠菜

不錯
我是一棵菠菜
我僅是一棵菠菜

沒有傲人學歷
也不位高權重
沒有桂冠光環
也不腰纏萬貫
我僅是販場中一棵卑微的菠菜

臉不厚
心不黑
舌無毒

腹無劍
我僅是田園中一棵樸拙的菠菜

能夠繁衍千秋萬代
靠的是天
　是地
　是人
能夠逍遙五湖四海
憑的是真
　是善
　是美

不錯
我是一棵菠菜
我僅是一棵菠菜
可我永遠都是植物史上
無可替代的一員

什錦火鍋

荷包帶領著食客
魚貫而入
火鍋伸展著玉臂
歡迎光臨
每一桌都似爭妍的貴妃
等待皇上寵幸

唏哩呼嚕
讚

什錦火鍋裡煮的其實是
動物的怒目
植物的痲木

人類的貪慕
以及
閻王的驚堂木

瓷器家族

懷孕的瓷器
白璧無瑕

偎在身旁的子女問
媽媽
妳要生個弟弟或妹妹
媽媽說
我要生一個家

面盆的話

宿命哪
這一世
我僅能生而為
乙只小小的面盆

每天承受
你的風塵
你的滄桑
你從未發表的悲情
你無可遁逃的心事
你一捧捧死亡的細胞
你一縷縷難掩的尷尬

主子啊
如今我是多麼甘為乙只面盆
因為我只需看你一人的臉色
而你
卻得看多少人的臉色啊

翠玉白菜

真個是三千寵愛於一身
莫非貴妃精靈再世

敢問妳
如何修煉成此凝脂玉膚
讓觀者無不魂牽夢繫

敢問妳
成天面對進出人群的儷影雙雙
如何度過這亙古的寂天寞地

倘能還魂
妳仍否戀眷這眾多眼神的焦聚

針孔攝影機

高大挺拔的椰子樹
在為偷情男女把風
少男少女恣意歡著

猛地抬頭
星兒眨著眼對他們說
小心噢
我在全程錄影呢

電線桿的心事

我是一根電線桿
每天欣賞著
妳從我身旁走過
的曼妙步姿
真想與妳寒喧幾句
可妳總是不屑一顧
是嫌我的身材瘦骨嶙峋嗎
可是每當黑暗來臨
唯有我
才能給妳光明啊

輯二

驚豔

迸

創意的火山爆發了
每一塊噴出的熔岩
渾身都充滿熱勁
瑰麗多彩的文字
於焉誕生

傲

你說
你一身傲骨
敢問
傲什麼

你建過唐太宗的文治
還是元太祖的武功
你讀過四庫全書
還是資治通鑑

你攀過聖母峰
還是落磯山
你飛過揚子江

還是大峽谷

你得過諾貝爾
還是奧斯卡
你辯過黑格爾
還是達爾文

你勝過張三豐
還是李小龍
你痴過祝英台
還是茱麗葉

你寫過王羲之
還是柳公權
你畫過畢卡索
還是張大千

你才過李白
還是曹植
你美過潘安
還是西施

你勇過荊軻
還是項羽
你忍過韓信
還是勾踐

你賽過張良
還是劉基
你善過菩薩
還是耶穌

你到過月球
還是火星

你壽過彭祖
還是人瑞

你說
你一身傲骨
敢問
傲什麼

夜讀

眼與夜
拔河
先呈拉距戰
後是一面倒
一個不留神
眼便投入夜的懷抱

瑕疵

一篇小說
長了滿臉青春痘
我試盡方法為她清除
卻仍留下些不可磨滅的
疤

書迷

週末之夜
縱身躍入文學的泳池
浮沉
翻騰
終至滅頂於
那個令人屏息的世界

驚艷

美哉　劉大白的「秋晚的江上」
美哉　魯迅的「狗的駁詰」
美哉　胡適的「老鴉」
美哉　郭沫若的「鳳凰涅槃」
美哉　徐志摩的「常州天寧寺聞禮懺聲」
美哉　王獨清的「但丁墓前」
美哉　聞一多的「死水」
美哉　穆木天的「雨絲」
美哉　俞平伯的「憶」
美哉　冰心的「春水」
美哉　戴望舒的「雨巷」
美哉　馮至的「蛇」
美哉　臧克家的「老馬」

美哉 艾青的「跳水」
美哉 卞之琳的「斷章」
美哉 鄒荻帆的「花與果實」
美哉 賴和的「南國哀樂」
美哉 覃子豪的「追求」
美哉 紀弦的「阿富羅底之死」
美哉 鍾鼎文的「人體素描」
美哉 周夢蝶的「積雨的日子」
美哉 陳秀喜的「樹的哀樂」
美哉 桓夫的「給蚊子取個榮譽的名稱吧」
美哉 羊令野的「五衣詞」
美哉 林亨泰的「有孤岩的風景」
美哉 蓉子的「我的粧鏡是一隻弓背的貓」
美哉 羅門的「麥當勞午餐時間」
美哉 洛夫的「雨中過辛亥隧道」
美哉 向明的「午夜聽蛙」
美哉 余光中的「控訴一枝煙囱」

美哉 管管的「缸」
美哉 大荒的「威爾莫特們萬歲」
美哉 楊喚的「我是忙碌的」
美哉 商禽的「長頸鹿」
美哉 張默的「三十三間堂」
美哉 瘂弦的「深淵」
美哉 碧果的「人的角色」
美哉 鄭愁予的「錯誤」
美哉 辛鬱的「演出的歌」
美哉 林宗源的「妻的眉毛」
美哉 沈臨彬的「黑髮男子」
美哉 梅新的「家鄉的女人」
美哉 白荻的「廣場」
美哉 隱地的「穿桃紅襯衫的男子」
美哉 葉維廉的「追尋」
美哉 李魁賢的「弦音」
美哉 岩上的「那些手臂」

美哉　張香華的「待雪」
美哉　朵思的「雨滴的意象」
美哉　張健的「春夏集」
美哉　林煥章的「十五，月蝕」
美哉　楊牧的「十二星象練習曲」
美哉　羅英的「萱草花的旅程」
美哉　敻虹的「水紋」
美哉　席慕蓉的「一棵開花的樹」
美哉　汪啓疆的「馬公潮水」
美哉　吴晟的「我不和你談論」
美哉　尹玲的「血仍未凝」
美哉　鍾玲的「蘇小小」
美哉　黃勁連的「所謂」
美哉　蕭蕭的「紅塵荒野」
美哉　李敏勇的「底片的世界」
美哉　蔣勳的「酒歌」
美哉　羅青的「吃西瓜的六種方法」

美哉 鄭炯明的「蕃薯」
美哉 沙穗的「失業」
美哉 蘇紹連的「七尺布」
美哉 馮青的「秋刀魚」
美哉 杜十三的「刀子」
美哉 簡政珍的「火」
美哉 白靈的「風箏」
美哉 張錯的「故劍」
美哉 羊子喬的「驚心」
美哉 李男的「字的詩」
美哉 德亮的「觀測士」
美哉 鍾順文的「山」
美哉 楊子澗的「笨港小唱」
美哉 陳寧貴的「洗臉記」
美哉 陳家帶的「淨夜」
美哉 王添源的「如果愛情像口香糖」
美哉 歐團圓的「在西門町奔跑」

美哉 渡也的「手套與愛」
美哉 萬志為的「破靜」
美哉 陳義芝的「住在衣服裡的女人」
美哉 楊澤的「煙」
美哉 陳黎的「罰站」
美哉 向陽的「阿爹的飯包」
美哉 沈志方的「書房夜戲」
美哉 羅智成的「一支蠟蠋在自己的光焰裡睡著了」
美哉 詹澈的「浮在地平線上使力」
美哉 趙衛民的「小滿歌」
美哉 焦桐的「台灣雅輩」
美哉 林彧的「名片」
美哉 初安民的「台北，如果落雪」
美哉 劉克襄的「遺腹子」
美哉 張國治的「一粒米如是說」
美哉 侯吉諒的「交響詩」
美哉 路寒袖的「日日春」

美哉 零雨的「昨天的博物館」
美哉 孫維民的「一隻麻雀誤入人類的房間」
美哉 陳克華的「我撿到一顆頭顱」
美哉 瓦歷斯尤幹的「下午茶」
美哉 曾淑美的「襪子的顏色」
美哉 林耀德的「終端機」
美哉 陳斐雯的「貓蚤札」
美哉 羅任玲的「盲腸」
美哉 田運良的「為印象王國而寫的筆記」
美哉 鴻鴻的「一滴果汁滴落」
美哉 羅葉的「尋屋」
美哉 許悔之的「跳蚤聽法」
美哉 吳錫和的「空罐頭」
美哉 顏艾琳的「速度」
美哉 唐捐的「蔭」
美哉 犂青的「石頭」
美哉 非馬的「電視」

美哉 杜國清的「蜘蛛」
美哉 王潤華的「搬家記」
美哉 傅天虹的「問」
美哉 夏宇的「甜蜜的復仇」
美哉 葦鳴的「不是」
美哉 王良和的「槍決之前」
美哉 魯蛟的「名字與頭顱」
美哉 涂靜怡的「山與石像」
美哉 綠蒂的「決堤的哀戚」
美哉 麥穗的「跡地」
美哉 藍雲的「晚鐘」
美哉 雁翼的「無題」
美哉 趙天儀的「雨夜書」
美哉 文曉村的「群蛙論」
美哉 王祿松的「放飛古典」
美哉 孔孚的「帕米爾」
美哉 張志民的「中國，用紙糊起來了」

美哉　公劉的「誰曾聽見過那聲音」
美哉　白樺的「一片秋葉」
美哉　流沙河的「了啊歌」
美哉　邵燕祥的「致空氣」
美哉　劉湛秋的「門鎖著，屋裡沒人」
美哉　彭浩蕩的「呵，盧舍那」
美哉　任洪淵的「時間，從前面湧來」
美哉　桑恆昌的「再致母親」
美哉　傅天琳的「揹帶」
美哉　北島的「開鎖」
美哉　古繼堂的「華盛頓哭牆」
美哉　芒克的「十月的獻詩」
美哉　沈奇的「十二點」
美哉　舒婷的「致橡樹」
美哉　小宛的「雨後」
美哉　于堅的「墜落的聲音」
美哉　匡國泰的「一天」

美哉　嚴力的「夜」

美哉　楊煉的「藍色狂想曲」

美哉　翟永明的「秋天」

美哉　王小妮的「許許多多的梨子」

美哉　顧城的「昨天，像黑色的蛇」

美哉　歐陽江河的「拒絕」

美哉　趙瓊的「小天使捲毛頭」

美哉　貝嶺的「當時間像一匹倒下的馬」

美哉　黑大春的「圓明園酒鬼」

美哉　李岩的「黃昏的隱者」

美哉　孟浪的「釣趣」

美哉　陸憶敏的「元月」

美哉　仝曉峰的「秋天的男人」

美哉　林珂的「死亡，是這麼一個情人」

美哉　楊小濱的「博物館」

美哉　羅巴的「履歷」

美哉　默默的「手指的流露」

面對如此眾多
傳統　前衛　浪漫　朦朧　超現實
看懂甚或看不懂的
美哉　偉哉　奇怪的佳作
我一提筆
就患了
「詩」無能

DNA

剛誕生的新作
體內混合著下列基因
親情
愛情
友情
多情
寡情
絕情
濫情
煽情
悲情

我要帶他去找文評家

檢驗ＤＮＡ
看看是不是
詩的孩子

【註】ＤＮＡ：去氧核醣核酸

詩人之怒

靈感總是遲到早退
外加偷工減料
我已對它發出最後通牒
限期改善
否則
撤職查辦

鐵樹開花

忙
忙於詢問
詢問那些詩人
為何能使語言的鐵樹
開出詩的花苞

花苞粧點鐵樹
鐵樹餵養詩人
詩人
詢問　何謂
忙

人生四重奏

在書與書之間
在頁與頁之間
在行與行之間
在字與字之間
我聞到了
詩

在城與城之間
在鄉與鄉之間
在里與里之間
在鄰與鄰之間
我看到了
人

在眼與眼之間
在耳與耳之間
在手與手之間
在腳與腳之間
我觸到了

生

在地與地之間
在水與水之間
在火與火之間
在風與風之間
我聽到了

死

舊書堆裡的文集

至今
仍弄不清是何罪愆
被打入這暗無天日的冷宮

我的體軀依然婀娜
我的腰枝依然柔媚
我的胸脯依然酥軟
即使不再濃妝艷抹
即使不再環珮叮噹
即使不再嬌嗔作態
我仍是獨步天下的
美麗妃嬪

似我這般陳封的酒醪
你可願嚐

輯四

地山謙

老

晨起
梳妝
不覺掉了一地
青春

美

一身白素的絕塵仙子
席地而坐於
青青草原
以搽著丹蔻的纖纖葱指
輕輕撥退
金橘的羅衫
再將那一絲不掛的玉體
悠雅地送入櫻唇
她問
午餐吃些什麼
我答
美

悟

自囚於心之監獄
任生命如落花飄墜

靈光乍閃
我乘著意念的翅膀
破空而出

釣

黃昏
澤畔
陪友垂釣

回程
友人簍裡滿是魚鮮
我則釣滿一簍
金色的秋

憶

午餐
嚼著小說
沾著辣醬
淚如泉湧

友問
你怎麼啦
我答
辣到傷口了

樂

紮一束陽光
給重症病患

摘一朵白雲
給吟詩少女

切一片藍天
給憂鬱男孩

捨一隻八哥
給孤寂老叟

炒一碟愛

給飄泊浪子

釀一甕歌

給失婚棄婦

雕

寒夜
我以心刀
雕刻你的肖像
完美中稍稍有些缺憾

騰空的刀
遲遲未再落下
只因
不願塑造一尊神

殯

燈炮過世
我用廣告紙
摺了一個色彩鮮艷的棺槨
隆重為他送葬

因為生前
他曾給我一段光明歲月

大同

一串項鍊
一百零八顆人骨

生前
他們或面紅耳赤
或相互廝殺

如今
他們手牽手
緊緊相連
串成一個圓

日程

羸弱的軀體
躺在日子的手術台上
任憑時間之刀切片

每一事都抱怨
被另一事推擠
在刀的強勢宰割下
我的精神領域
遂成諸事逐鹿的戰場

舌戰

小小小小一個瘡
卻擊敗了
大大大大一葉舌
甚至殲滅了
整個心情王國

國王痛定思痛後下令
向小卒致敬

忠臣

抹布告訴兒子說
兒啊
咱們的責任
就是為主人家清除污垢
倘若蒙塵
就是咱們失職啊

訪客

風來敲門
我欣然出迎
她笑容可掬地奉上一份禮物
敞開一看
原來是滿滿的一盒
春

抉擇

面對如此多的婚姻訂單
真不知該與哪家簽約
因為
新娘無法量產

近況

如答錄機
對於頻率出現過高的問候語
我總一再重覆著
牙　還活著
髮　苟延殘喘
心　夜幕低垂
關節　偏安江左
至於皮膚
已被列入三級古蹟

造反

書籍在對臥室造反
油垢在對廚房造反
白髮在對青春造反
科技在對性別造反
雲在對月造反
雨在對日造反
我在對詩造反

追夢

相依為命的夢
失蹤了
我順著腦中地圖逐街逐巷尋找
無名　無姓　無胎記
無身分證　無護照
連守護神也愛莫能助

我只好在暗夜中孤獨行進
上天下地
翻山蹈海
終於跌陷於
命運的深淵

速讀

晨起　趕路
速讀著街上一張張的風景

一株株打著冷顫感冒的樹
一隻隻興高采烈出獄的狗
一排排永無升遷機會的下水道
一頂頂壓迫著人們腦袋的安全帽
一縷縷急著上班的機車黑煙
一款款拚鬥業績的廣告招牌
一間間貼著租售封條的金店面
一杯杯忙得快要高血壓的熱豆漿
以及
一個個我身上

隨時待命迎戰今天的
毛孔

道德

道德
如緊身束衣
勒得人無法喘息
卻又不能丟棄

遊湖

青天無染
綠水無波
風靜
樹止
小貝殼偷偷吻著
裸體橫陳的沙灘
歸鳥飛來臨檢
將現行犯
逮個正著

探親

老奶奶
提著一箱子盼望
飄洋過海
去看那夢寐以求的
孫子

老奶奶
提著一箱子絕望
飄洋過海
回到和她相依為命的
宅子

問她有關探親種種

她嘆了口氣
兒子屬於那洋婆子
孫子屬於那洋婆子
房子屬於那洋婆子
銀子屬於那洋婆子
唯有我
不屬於那洋婆子

累了老奶奶半輩子的
那個遺腹子
如今
徹徹底底離開了
這個破宅子

善哉

面對逐漸走進的一隻
生平最懼的昆蟲
我立刻舉起棍棒
將自己遽生的惡念擊斃

尊者

佇立窗口
望盡天涯
恆久不變的是
那一排偉岸的綠樹
不憂
不懼
不歌
不泣
不黨
不群
不鳴
不放
生

隨性

死

隨緣

我舉杯

以茶代酒

港邊

出航的一艘艘舢舨裡
裝滿女人的眼神
回航的一艘艘舢舨裡
裝滿男人的臉色
泊港的一艘艘舢舨裡
裝滿
疲倦

沸騰

而我卻不能
老牛被屠宰可以無言
而我卻不能
嬰兒被拋棄可以無怨
而我卻不能
石頭被侮辱可以不流淚
而我卻不能
海水被濯足可以不發威
而我卻不能

蔬菜被斬首可以不抗爭
而我卻不能

飯鍋被電擊可以不求償
而我卻不能

雛妓被蹂躪還微笑
而我卻不能

清官被貶謫竟謝恩
而我卻不能

惡男刃妻還鞭屍
而我卻不能

妒女閹夫竟說愛

而我卻不能

而我卻不能

剔牙

宴會行將落幕
閒話隨即登場
人手一根牙籤
個個齜牙咧嘴地奮力剔著
剔著
剔著
牙與牙間的縫隙大了
人與人間的距離也大了

罷工

手請病假
足請事假
心請休假
腹請產假

首腦血脈賁張
這該如何是好

救美

路旁小花跌倒了
我輕輕將她攙起
看　臉蛋兒髒了
汲一捧天水
為她沐浴
轉眼又是個婀娜的美女

掘一堆塵泥
將根深植入土
小姑娘
本固才能站得直啊

傷逝

雨刷病逝
窗玻璃嚎啕大哭

車主愣在十字街頭
模糊了前進的方向

盥洗

汲一捧水龍頭裡的
生命之泉
敷面
給新的一天
換張臉

量販

性在量販著
生命
詩人在量販著
天才
娼寮在量販著
尊嚴
書肆在量販著
文明
媒體在量販著
天使與魔鬼
我在量販著
我的主義

掌紋

橫七豎八的線條
構築成一幅迷你的命運地圖

感情線是胎源的黃河
理智線是脈動的長江
生命線則是波瀾壯闊的雅魯藏布江
還有許多雜亂叢生的支幹細流
牽繫著江河間的悲歡離合

難以置信啊
如此小小地圖
竟掌握了堂堂七尺之軀

遺珠

以為還是眾星拱月
以為還是腰懸利劍
以為還能呼風喚雨
以為還能隻手擎天
昨夜共飲的酒還發燒
今晨緊握的手猶溫熱
A君的微笑還在果籃裡
B君的蜜言猶在書冊內

選舉名單出爐
他成了
遺珠

警察

民眾啊
沒有你的關愛眼神
實不足為怪
誰叫我僅是您屋子角落的
一把掃帚
唯當垃圾滿地時
才派得上用場

隱私

我在我的心裡
開了一家咖啡廳
每當緊張繁忙過後
便在廳內小憩
享受一餐芳郁的
咖啡之戀

轉機

心碎
只因青葱盆栽
一枝遒幹欲斷

權充妙手
戮力為它接合
卻仍無法回春

忍痛
將枝折斷
植入新土
如今
庭園裡又冒出
一枝春

大執法

歲末清掃
想一舉將違法久居的塵埃
驅逐出境

不料
塵埃竟拿起無線電呼叫器
招來所有同伴
一舉將我驅逐出境

母子圖

天空是寬容慈藹的母親
雲是活潑調皮的孩童
你看
他又掙脫母親懷抱去玩耍了
然而母親一點也不擔心
因為無論如何
他也翻不出她的手掌心

地山謙※

蹲下來
和地比矮
再低　再低
無論如何屈身匍伏
依然比地略高一疇

地啊
我要向你討教
究竟是何容量
讓你能承載人間萬物

※【註】地山謙：易經卦象之一。䷎，上爲「坤卦」代表「地」，下爲「艮卦」代表「山」。
此卦象義即言君子具有山一般高的本領，卻能謙居在像地那樣低而沒有才能的人之下。
旨在提醒人不忘謙虛美德。

路人甲

寫滿焦慮的雜牌西褲
從未對自己的容顏有過信心
長滿皺紋的廉價皮鞋
從未對囂張的塵土做過抗議

跟他一樣無精打采的黑傘
還詛咒著昨夜莫明其妙的失眠
跟他一樣即將退休的茄克
還謊騙著自己寶刀未老

永遠被刮得乾乾淨淨的鬍子
從未省思過存在的意義
永遠被理得平平整整的腦袋

從未質疑過流行的款式

這世上唯一稱的上夠朋友的
唯有手中那根即將漲價的菸
但在物盡其用後
已被他狠狠拋諸身後

這世上唯一仰他鼻息的
唯有那隻極盡諂媚的狗
但在車禍意外後
已被獸醫送進焚化爐

在人生這齣大戲中
他恆常演出的角色是
路人甲

演唱會

群鳥引吭高歌
於澤畔

高音
中音
低音
獨唱
輪唱
合唱
好個天韻合唱團

山石搶著索票
沙灘免費提供座席

光是彩排
已一鳴驚人
我將為向隅觀眾實況轉播
這場超大型的音樂饗宴

檢討會

像一尾死魚
躺在會議桌上
等待業績報告分屍
連最後一根脊骨
也被擊碎

墓誌銘

整齊羅列的石碑
戍守著風光明媚的墓園
每塊碑文都展示著一段曾經繁華的人生
童顏鶴髮
俊男美女
每張遺照都是精挑細選最亮麗的主角

此處
沒有紅塵紛擾
只有青山環抱
沒有爭鬥殺伐
只有祥和寧靜
沒有貧富尊卑

只有因果輪迴
墓誌是精簡的傳記文學
碑刻是優美的書道藝品

參觀過這偌大的露天死亡博物館
即將也擁有一席之地的我
深深惶恐著
該如何為自己寫這一生的代表作

對話集

之一：夫妻

山哥哥牽著水妹妹的手
水妹妹摟著山哥哥的腰
你依著我
我靠著你
含情脈脈了千年　萬年　億年
都說
還要含情脈脈
千年　萬年　億年

之二：父子

硯語墨
別磨我了

再磨
就把我們的情分磨光了

墨語硯
不磨
你有何用

之三：戰略伙伴

花語鳥
我願為你開滿一山錦繡

鳥語花
我來為你唱一首春之歌

花鳥同語
你看
記者的照相機

正為我們的友誼留下見證

來 一—二—三

笑

一張照片

心痛如割
當目光觸及的一剎

排排坐的全是截肢者
在愛它培安提尼復建中心教室裡
耄耋　稚童　壯男　弱女
他們共同的表情是
驚恐

明天
還有明天嗎
有
義肢

善心義工正準備為他們安裝
一線希望

心靈工廠

心靈是一座工廠
專門製造
焦慮　暴躁　恐懼　羞怯
嫉妒　猜疑　偽矯　奸佞
愛與恨
悲與喜
等等
產品豐富
款式眾多
尺寸齊全
批發　零售　直銷　上網
歡迎闔府選購

在這百業蕭條時期
唯有它的業績一枝獨秀

生之還原

燈
剪掉了我的愁悵
咖啡
捐贈我一千公克的慾望
相片
奉還我被偷竊多年的青春
筆
撕毀我因江郎才盡
而與他簽下的離婚證書

世外桃源

一夜間
鳳仙花將我家包圍了
不憂金融風暴
不懼流行感冒
她儘管展示著她的小花傘
不屑升遷
不視考績
她儘管嫵媚著她的小花裙
風為她伴奏交響樂
雨為她配製甘露飲

她儘管飛舞著她的華爾滋

不尋姓氏源流
不爭地理疆域
她儘管做著她的春秋夢

不知秦漢
不論統獨
她儘管唱著她的現世調

日為她提供太陽能
月為她準備歲時記
她儘管吟著她的朦朧詩

一夜間
鳳仙花將我家包圍了

冬之憂鬱

風打了我一記耳光
落葉凋零了我的夢

踽踽獨行於冬之街頭
任塵砂洗滌憂傷的眼膜

人生不過是一陣
呼嘯的風

自然療法

鬥志摔傷了
捧一袋陽光回去
止血

周休二日

比八十老嫗還嘮叨的
鬧鐘
揪著我的耳朵
如有血仇

煩
煩
煩
煩
終於
我殺了一個鬧鐘

英雄本色

每一片瓦
都竭盡心力護衛著
業已傾圮的老屋
儘管他們身經百戰
傷痕累累

死
是不悔的承諾

海灘即景

黃昏下班了
夜
趁機來染指
寂寞的海灘
我羞於觀賞他們
做愛

最後一日

推完最後一班列車
礦工走出荒坑
以黝黑的手
頻頻拭著額上的汗
他的佝僂背影
能結算多少退職金
未來
至少還有一輪
金紅夕陽

都會翦影

匆匆
悄無聲息地攻佔了整個城市
情愛啞於匆匆
道義盲於匆匆
華年跛於匆匆

整座城市
因匆匆的登陸
而束手就擒

棄嬰呢喃

母啊
您這是要我自助旅行
還是戰鬥訓練
蚊蟲大隊正向我
做殲滅式的攻擊
我這初入人世的新兵
真是難以招架
外無援軍
內無奶瓶
就連身上唯一的襁褓
也被砂石銳物撕裂
更糟的是
在這荒郊暗夜

阿母
我竟遺失了
您給我最最珍貴的禮物
——臍帶

十九層地獄

——觀非洲貧童攝影有感

以膚色抗議命運的偏袒
以瘦骨見證貧富的差距
以面容揶揄世紀的文明
以眼神喚醒人性的良知

對於他們
土地不是慈母
而是天敵
死亡不是罪罰
而是救贖
裸體不是色
而是空

人生的目的則是
一塊麵包

心要去旅行

大清早
心　便穿妥蘇格蘭裙
自熱騰騰的咖啡杯中飛揚出去
她説
要去巴黎讀浪漫
要去義大利買摩登
要去約莫札特跳華爾滋
要去和莎士比亞演李耳王
要去觀賞麗池酒店的朱門酒肉秀
要去愛撫米開朗基羅雕塑的寫真體
然後
將蔚藍海岸裝入行囊
帶回
和我一起去裸泳

世界大戰III

吞了一粒維他命A
矯治夜盲
吞了一粒維他命B
修補神經
吞了一粒維他命C
漂白皮膚
吞了一粒維他命E
預防老化
吞了一粒鈣片
健壯骨骼
吞了一粒鐵錠
消除貧血
吞了一粒葉酸

遠離痴呆

一九九八年三月八日
凌晨一時零五分
聯軍（維他命　鈣片　鐵錠　葉酸）
下令轟炸
胃之戰場

數以萬計的細胞難民
甚至裸體由睡夢中驚醒
還來不及攜家帶眷
便抱頭鼠竄

身為民選總裁
我不得不向各大醫院火速求援
一時間
船艦　飛彈　加核武

將原已慘烈不堪的戰況
推向最高點

一九九八年三月十一日
凌晨一時零五分
聯軍舉旗投降
一向和平寧靜的家鄉
已成斷壁殘垣

快樂上班族

每天一到辦公室
先將茶杯裡殘存的過去倒掉
舀一勺活力他命
泡一杯熱情麥粉
然後
理妝換膚
抹上一層微笑面霜
服下兩顆喜悅膠囊
以背墊替代鋼板撐直腰脊
深呼吸
吐出昨日之氣
取出太史之筆

發出正義之聲
採訪真理
製播民意
下班時刻一到
快快樂樂刷下良心卡

流浪者之歌

是因孤獨而流浪
或因流浪而孤獨

在這渺無人跡的心靈沙漠
我以詩
解渴

禁忌的遊戲

我駕駛著我的心
在愛的大草原裡馳騁
園丁說
喂 別橫衝直撞
這裡雖無紅綠燈
倘若違規
仍要吊銷執照

台北殺人事件

被一張嘴
殺得遍體鱗傷
我沒有按鈴申告
因為無法提出驗傷單

我住在我靈魂的隔壁

我住在我靈魂的隔壁

在生活之繩的牽繫下
我苦哈哈卑躬屈膝
他樂悠悠昂首闊步

在時間之鞭的趨策下
我氣吁吁馬不停蹄
他神飄飄凌波起舞

在世俗之劍的威逼下
我緊裹著顫微微的體軀
他開敞著坦蕩蕩的心門

我戀慕住在隔壁的靈魂
噢 月老
何時才能拆卸間阻我們的那堵牆

歷史是最終的裁判（後記）

這是我的第三本詩集，（第二本因故尚在出版途中），兩年寫了三本詩，朋友說我在跟時間賽跑。確實，對於一個輸在起跑點上的「轉業者」而言，一天得當兩天用。尤其一個工作繁忙的新聞從業人員，一週僅能騰出一天的「寫詩日」，如此速度，連自己都不免焦灼，何時才能交出成績單？

如今我也忝為一名「詩人」，頂著如此頭銜，不是喜悅而是負荷。在這「大師滿街走，人人是作家」的年代，浪淘盡後，又有幾人能夠成為「千古風流人物」？如果不欲成為「一書作者」、「一世作者」，詩人這個榮銜，便成了懸在驢子前方的紅蘿蔔，若想得到它，一生一世都得毫不停歇地奔馳，這個鞭子不是別人加諸你的，而是自己在鞭自己，這張成績單，不僅是交給當代讀者，更要交給歷史扉頁。

每位詩人都有各自的詩觀，我自然也有屬於「我」的主張。在處女作《問紅塵》中，我力排眾議，獨倡短詩，顯然已蔚為一股風潮。不擅短詩的朋友或曰：那些人不能寫長詩。於是在這本新集內，我也遵循曾經被一般人視為定律的遊戲規則，試作了幾首長詩，這才更真切的體會到短詩之「難」，若非靈感乍現，絕對無法才華畢露。

其實，詩只有好壞不拘長短，正如迷你裙美，迷地裙也美，美與不美，非在裙，而在人。如果穿者不美、身材不美、氣質不美，任何款式上身，都不會成為眾目的焦點。

至於如何才算一首「好詩」？遍覽群籍後，一位遺忘了名字的詩人所說的兩句話，一直深印我心，那就是「立即的驚歎，永恆的回味」。就因為這兩句話，我將成稿重新審視，有三十餘首立即進了字紙簍。這本詩集的成敗，自然要由讀者來評斷，然而歷史才是最終的裁判。基於此，我對自己的要求即是，堅持「不為名惑，不受利誘，不諂評審，不媚群眾」，寫於所當寫，止於所當止。

這年頭流行談生涯規劃，老實說我對自己實在無法做出任何規劃，因為規劃再多，靈感不再，我這個「詩人」頂戴，是否也會隨之而被摘掉？這便使我更加戰戰兢兢，寫詩就已經不純是一種逍遣了。

最後，要特地向沈謙和李瑞騰教授致謝，他們兩位都是名重士林的文評家，能夠得到他們的賜序，真是銘感五內。此外，還要感謝彭發行人以及編輯校對們的費心，更要感謝讀者的靈魂之窗，因為您們的支持，就是詩人的希望。

劉小梅 寫於竹軒 一九九九年七月三日

國家圖書館出版品預行編目資料

驚艷 / 劉小梅著. -- 初版. -- 臺北市 : 文史哲, 民88
面 : 公分 - (文史哲詩叢 ; 36)
ISBN 957-549-255-2 (平裝)

851.486 88017728

文 史 哲 詩 叢 ㊱

驚　艷

著者：劉小梅
出版者：文史哲出版社
登記證字號：行政院新聞局版臺業字五三三七號
發行人：彭正雄
發行所：文史哲出版社
印刷者：文史哲出版社
臺北市羅斯福路一段七十二巷四號
郵政劃撥帳號：一六一八〇一七五
電話 886-2-23511028 · 傳眞 886-2-23965656

實價新臺幣二四〇元

中華民國八十八年十二月初版

ISBN 957-549-255-2